Dieses Challenge Buch gehört:

_____

_____

CHALLENGE 1
YOGA

Mache morgens nach dem Aufstehen
10 Minuten Yoga!

TIPP!
ES GIBT GANZ TOLLE
10-MINUTEN YOGA
VIDEOS AUF YOUTUBE

☐ Erledigt am _____

CHALLENGE 2
VERSCHAFFE DIR EINEN ÜBERBLICK ÜBER DEINE FINANZEN

Schreibe all deine Einnahmen und Ausgaben auf!

NUTZE HIERFÜR DIE NÄCHSTE SEITE

☐ Erledigt am _____

CHALLENGE 3
ERWEITERE DEIN WISSEN

Informiere dich über aktuelle Themen, die momentan in der Welt passieren!

Thema:

Das habe ich erfahren:
_____
_____

☐ Erledigt am _____

FINANZPLANER

📅 MONAT

JAN	FEB	MAR	APR	MAY	JUN	JUL	AUG	SEP	OCT	NOV	DEC

📋 EINNAHMEN

DATUM	BESCHREIBUNG	BETRAG
	SUMME:	

🛍 AUSGABEN

DATUM	BESCHREIBUNG	BETRAG
	SUMME:	

⭐ ZUSAMMENFASSUNG

SUMME EINNAHMEN	SUMME AUSGABEN	SUMME ZUR FREIEN VERFÜGUNG

CHALLENGE 4

ORGANISATION

Sortiere deinen Kleiderschrank aus und Spende / Verkaufe deine alten Sachen!

☐ Erledigt am _____

> VERKAUFE DIE SACHEN AUF EINEM FLOMARKT ODER AUF DIVERSEN INTERNETPLATTFORMEN
>
> SPENDEN KANNST DU BEIM ROTEN KREUZ ODER BEI EINER ORGANISATION DEINER WAHL

CHALLENGE 5

EIN TAG OHNE SÜSSES

Verzichte 1 Tag lang auf Zuckerhaltige Produkte!

☐ Erledigt am _____

CHALLENGE 6

DANKBARKEIT

Schreibe 5 Dinge auf für die Du Dankbar bist!

1. _____
2. _____
3. _____
4. _____
5. _____

☐ Erledigt am _____

CHALLENGE 7
FILMEABEND

Mache einen Filmeabend mit Freunden, Familie oder Bekannten!

☐ Erledigt am _____

CHALLENGE 8
SPORT

Gehe 30 Minuten Joggen!

☐ Erledigt am _____

CHALLENGE 9
KOCHEN

Koche ein orientalisches Gericht!

☐ Erledigt am _____

CHALLENGE 10
SONNENUNTERGANG

Schaue dir den Sonnenuntergang an!

☐ Erledigt am _____

CHALLENGE 11
MUSEUM / KUNSTAUSSTELLUNG

Besuche ein Museum oder eine Kunstausstellung!

Museum ☐   Kunstausstellung ☐

☐ Erledigt am _____

CHALLENGE 12
ERNÄHRUNG

Ernähre dich einen Tag lang nur von Gemüse und Salaten!

TIPP!
ES GIBT TOLLE REZEPTE FÜR VERSCHIEDENE REISBOWLS ETC. IM INTERNET

☐ Erledigt am _____

CHALLENGE 13
AUSSORTIERUNG

Sortiere dein Smartphone aus!

LÖSCHE BILDER DIE DU NICHT BENÖTIGST, PRÜFE WELCHE APPS DU SCHON LANGE NICHT MEHR BENUTZT HAST. GEHE DEINE KONTAKTLISTE DURCH UND LÖSCHE NUMMERN DIE DU NICHT MEHR BENÖTIGST.

☐ Erledigt am _____

CHALLENGE 14
SPORT

Mache 50 Kniebeugen!

⬜ Erledigt am _____

CHALLENGE 15
KOCHEN

Koche dein Lieblingsgericht!

Mein Lieblingsgericht: _____

⬜ Erledigt am _____

CHALLENGE 16
SCHLECHTE GEWOHNHEITEN

Verzichte auf Schlechte Gewohnheiten!

Meine schlechte Gewohnheiten:
_____
_____

Z. B. RAUCHEN, COMPUTER, ZU LANGE AM HANDY, ETC.

⬜ Erledigt am _____

CHALLENGE 17
STADT ERKUNDEN

Erkunde deine Stadt, gehe an neue Orte!

Diesen Ort habe ich besucht:

_____

☐ Erledigt am _____

CHALLENGE 18
ESCAPE-ROOM

Nimm an einem Escape-Room-Spiel teil!

☐ Erledigt am _____

CHALLENGE 19
SPORT

Mache eine Woche lang Dehnübungen!

Tag 1 ☐   Tag 4 ☐

Tag 2 ☐   Tag 5 ☐

Tag 3 ☐   Tag 6 ☐

Tag 7 ☐

☐ Erledigt am _____

CHALLENGE 20
KEINE BILDSCHIRME

Verwende 1 Woche lang keine Bildschirme vor dem Schlafen gehen!

MIND. 2 STUNDEN VOR DEM SCHLAFEN GEHEN KEIN BILDSCHIRM!!!

⬜ Erledigt am _____

CHALLENGE 21
KULINARIE

Koche ein 3-GÄNGE MENÜ!

1. Gang: _____
2. Gang: _____
3. Gang: _____

⬜ Erledigt am _____

CHALLENGE 22
SCHWÄRME IN ERINNERUNGEN

Starte schöne Erlebnisse auf einem kleinen Zettel festzuhalten und schmeiße diese in ein Glas. Öffne dieses Glas in einem Jahr und lese dir die Erinnerungen durch.

⬜ Erledigt am _____

CHALLENGE 23
NATUR ERLEBEN

Verbringe einen Tag lang in der Natur und lerne sie schätzen!

☐ Erledigt am _____

CHALLENGE 24
GESUNDHEIT

Iss eine Woche lang ohne Zucker oder Junk-Food!

☐ Erledigt am _____

CHALLENGE 25
STÄRKEN GEGEN SCHWÄCHEN

Stelle eine Liste deiner Stärken und Schwächen auf!

> NUTZE DIE LISTE AUF DER NÄCHSTEN SEITE

☐ Erledigt am _____

CHALLENGE 26
BOWLING

Spiele Bowling mit deinen Freunden!

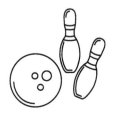

☐ Erledigt am _____

STÄRKEN	SCHWÄCHEN

CHALLENGE 27
ORGANISATION

Nehme dir einen Schrank vor und räume bzw. organisiere ihn um!

☐ Erledigt am _____

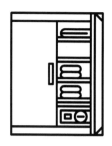

CHALLENGE 28
WISSENSWERT

Erweitere dein Wissen!

☐ Erledigt am _____

SCHAU DIR EINE DOKUMENTATION AN ODER LESE EINEN BERICHT ÜBER EIN WICHTIGES THEMA, WELCHES DICH INTERESSIERT!

Z. B. MANIKÜRE, BAD, AUGENBRAUEN, MUSIK ETC.

CHALLENGE 29
TU DIR WAS GUTES
Self-Care Tag!

☐ Erledigt am _____

CHALLENGE 30
SPORT

Mache 30min Sport!

☐ Erledigt am _____

CHALLENGE 31
ERNEUERUNG
Erneuere etwas im Haushalt!

Das habe ich erneuert:

_____

☐ Erledigt am _____

CHALLENGE 32
AUF DEM PAPIER, AUS DEM KOPF

Lasse Dinge los, die dich stören!

> SCHREIBE DIE DINGE AUF EIN ZETTEL, DIE DICH STÖREN UND ZERREISSE BZW. VERBRENNE DIESEN DANACH

☐ Erledigt am _____

CHALLENGE 33
TU DIR WAS GUTES

Treffe dich mit jemanden der sich auf dich freut!

> Z. B. ELTERN, GROSSELTERN, BESTE FREUNDE

☐ Erledigt am _____

CHALLENGE 34

MEHR POSITIVITÄT

Nutze den Tag voller positiver Gedanken!

MOTTO!
ALLES WAS PASSIERT, IST ZUM GUTEN ...

☐ Erledigt am _____

CHALLENGE 35

SOZIALER KONTAKT

Schreibe einer Person, mit der du schon lange nicht in Kontakt warst!

☐ Erledigt am _____

CHALLENGE 36

MEHR ÜBERBLICK

Gehe all deine Abos & Versicherungen durch und kündige die, die du nicht mehr benötigst!

☐ Erledigt am _____

CHALLENGE 37
CLEAN UP!

Säubere den Kühlschrank!

⬜ Erledigt am _____

CHALLENGE 38
AUSFLUG

Mache eine Fahrradtour!

⬜ Erledigt am _____

TIPP!
IN EINIGEN STÄDTEN KANN MAN FAHRRÄDER MIETEN/AUSLEIHEN

CHALLENGE 39
MEHR AUFMERKSAMKEIT AN DICH SELBST

Achte heute besonders auf deinen Körper & Gefühle!

⬜ Erledigt am _____

CHALLENGE 40
MONATSZIELE

Halte deine Ziele für den nächsten Monat fest!

NUTZE DIE VORLAGE AUF DER NÄCHSTEN SEITE!

⬜ Erledigt am _____

MONATSZIEL

MEINE ZIELE:

_____
_____
_____
_____
_____

WIE ERREICHE ICH DIESE ZIELE?

_____
_____
_____
_____
_____

MEINE MOTIVATION FÜR DIE ZIELERREICHUNG:

_____
_____
_____
_____
_____

HABE ICH DIE ZIELE ERREICHT?

_____
_____
_____
_____
_____

CHALLENGE 41
EINFACH EIN ENTSPANNTER MORGEN

Stehe früher als gewöhnlich auf und starte entspannt in den Morgen!

MACHE Z. B. SPORT, GEHE SPAZIEREN, NEHME ENTSPANNT EINE DUSCHE, FRÜHSTÜCKE IN RUHE

☐ Erledigt am _____

CHALLENGE 42
SPARPLAN

Streiche eine fixe Ausgabe und erstelle einen Sparplan!

☐ Erledigt am _____

NUTZE DIE VORLAGE AUF DER NÄCHSTEN SEITE

CHALLENGE 43
OFFLINE

Verzichte 1 Tag lang auf Soziale Medien!

☐ Erledigt am _____

SPARPLAN

Datum	Betrag

Gesamt:

Zielsumme:

Start Datum:

Frist:

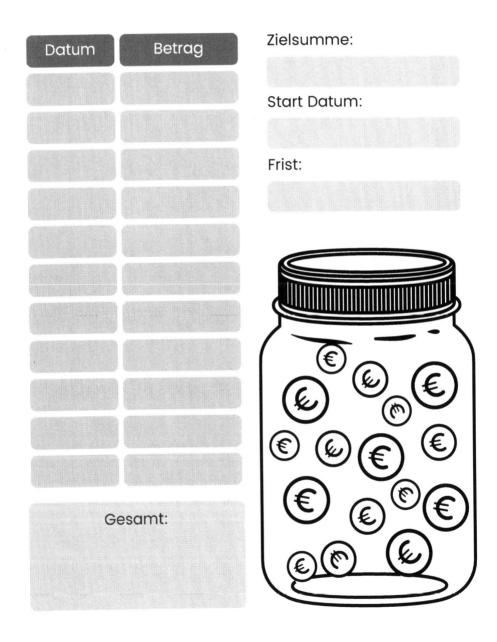

CHALLENGE 44
MAL WAS NEUES
Probiere ein neues Restaurant oder Cafe aus!

⬜ Erledigt am _____

CHALLENGE 45
IMMER HÖHER
Steigere dein Einkommen!

Z. B. DURCH EINE GEHALTSERHÖHUNG, NEBENJOB, HOBBY, SELBSTSTÄNDIGKEIT

⬜ Erledigt am _____

CHALLENGE 46
RUNTER-HOCH!
Mache 20 Liegestützen!

⬜ Erledigt am _____

CHALLENGE 47
AUSZEIT
Gehe ins Schwimmbad / Therme!

⬜ Erledigt am _____

CHALLENGE 48
MACHE EIN PAAR PFOTEN GLÜCKLICH
Kaufe Tiernahrung und bringe es in ein Tierheim!

☐ Erledigt am _____

CHALLENGE 49
ÄNDERUNG GEFÄLLIG?

Schreibe eine Liste mit Dingen, die du in deinem Leben ändern möchtest!

NUTZE DIE VORLAGE AUF DER NÄCHSTEN SEITE

☐ Erledigt am _____

CHALLENGE 50
MUSIK MUSIK MUSIK
Höre eine Musikrichtung die du normalerweise nicht hörst!

Musikrichtung die ich mir angehört habe:

_____

Wie hat es mir gefallen?

_____

☐ Erledigt am _____

Änderungswünsche

CHALLENGE 51
EXOTIK
Probiere ein exotisches Gericht aus einer anderen Kultur!

☐ Erledigt am _____

CHALLENGE 52
NEUES LAND
Besuche ein Land in dem du noch nie warst!

Reiseland: _____

☐ Erledigt am _____

CHALLENGE 53
EINE NETTE GESTE
Tue was Gutes für deine Lieblingsmenschen!

Gute Taten:

_____

_____

_____

☐ Erledigt am _____

CHALLENGE 54
LESEN
Lese ein Buch deiner Wahl!

☐ Erledigt am _____

CHALLENGE 55
SAFTKUR
Mache einen Tag lang eine Saftkur!

☐ Erledigt am _____

CHALLENGE 56
KONZERT
Gehe auf ein Konzert eines deiner Lieblingskünstler!

☐ Erledigt am _____

CHALLENGE 57
TU WAS GUTES
Leiste Ehrenamtliche Arbeit!

Diese Arbeit habe ich geleistet:

_____

☐ Erledigt am _____

CHALLENGE 58
SEE
Mache einen Ausflug zu einem See!

☐ Erledigt am _____

CHALLENGE 59
NON-ALKOHOL
Verzichte 1 Monat lang auf Alkohol und schaue was sich ändert!

Das hat sich geändert?

_____

☐ Erledigt am _____

CHALLENGE 60
BBQ
Organisiere ein Barbecue mit Freunden, Familie oder Bekannten!

☐ Erledigt am _____

CHALLENGE 61
BRIEF AN MICH SELBST
Schreibe einen Brief an dein Zukünftiges-Ich!

NUTZE DIE VORLAGE AUF DER NÄCHSTEN SEITE

☐ Erledigt am _____

An mein Zukünftiges-Ich

CHALLENGE 62
AUSGEHEN
Gehe ins Kino oder Theater!

◯ Erledigt am _____

CHALLENGE 63
DA WILL ICH HIN
Mache eine Liste von Orten, die du besuchen möchtest!

◯ Erledigt am _____

> NUTZE DIE VORLAGE AUF DER NÄCHSTEN SEITE

CHALLENGE 64
SPENDEN
Spende an eine Wohltätigkeitsorganisation deiner Wahl!

Name der Organisation:
_____

◯ Erledigt am _____

CHALLENGE 65
GELDBEUTEL LEEREN
Sortiere deinen Geldbeutel aus!

◯ Erledigt am _____

DA MÖCHTE ICH HIN!

- [ ] _____
- [ ] _____
- [ ] _____
- [ ] _____
- [ ] _____
- [ ] _____
- [ ] _____
- [ ] _____
- [ ] _____
- [ ] _____
- [ ] _____
- [ ] _____
- [ ] _____
- [ ] _____
- [ ] _____

CHALLENGE 66
POSITIVER TAG

Heute ohne Negativität, Meckern, Klagen, Ärgern. Entspannt bleiben!

☐ Erledigt am _____

CHALLENGE 67
TRENNUNG

Trenne dich von kaputten / alten Sachen!

> LISTE ALLE SACHEN VON DENEN DU DICH GETRENNT HAST IN DER VORLAGE AUF DER NÄCHSTEN SEITE AUF

☐ Erledigt am _____

> Z. B. UNTERSUCHUNG BEIM ARZT, GEHE ZUR MASSAGE / SPA

CHALLENGE 68
DENKE AN DICH

Tue was für deine Gesundheit!

☐ Erledigt am _____

CHALLENGE 69
WASSER+TEE

Verzichte 1 Woche lang auf Zuckerhaltige Getränke!

Tag 1 ☐   Tag 4 ☐
Tag 2 ☐   Tag 5 ☐
Tag 3 ☐   Tag 6 ☐
Tag 7 ☐

☐ Erledigt am _____

VON DIESEN SACHEN HABE ICH MICH GETRENNT!

- [ ] _____
- [ ] _____
- [ ] _____
- [ ] _____
- [ ] _____
- [ ] _____
- [ ] _____
- [ ] _____
- [ ] _____
- [ ] _____
- [ ] _____
- [ ] _____
- [ ] _____
- [ ] _____

CHALLENGE 70
BACKEN
Backe einen Kuchen!

☐ Erledigt am _____

CHALLENGE 71
DOKUMENTE
Ordne bzw. Sortiere deine Dokumente!

☐ Erledigt am _____

CHALLENGE 72
SHOPPING
Gönn dir einen Shopping-Tag!

☐ Erledigt am _____

CHALLENGE 73
GENUG TRINKEN
Trinke genug Wasser!

Wie viel Wasser habe ich getrunken?

1 Liter   2 Liter   3 Liter

☐ ☐ ☐

☐ Erledigt am _____

CHALLENGE 74
PLANUNG
Plane deinen Tag!

NUTZE DIE VORLAGE AUF DER NÄCHSTEN SEITE

◯ Erledigt am _____

Z. B. GEHE SPAZIEREN, TRINKE EINEN SMOOTHIE, TRINK GENUG WASSER

CHALLENGE 75
GUTE GEWOHNHEITEN
Eine Gute Gewohnheit in den Tag!

◯ Erledigt am _____

AUF DER ÜBERNÄCHSTEN SEITE FINDEST DU EINE CHECKLISTE

CHALLENGE 76
MACHE ERINNERUNGEN
Gehe Picknicken!

◯ Erledigt am _____

CHALLENGE 77
UMWELT
Achte auf die Umwelt und verwende weniger Plastik!

TIPP!
KAUFE DIR EIN MEHRWEGBEUTEL ODER EIN OBSTNETZ UND VERWENDE DIESE IMMER BEIM EINKAUFEN

◯ Erledigt am _____

Tagesplaner

DATUM:

6:00	
7:00	
8:00	
9:00	
10:00	
11:00	
12:00	
13:00	
14:00	
15:00	
16:00	
17:00	
18:00	
19:00	
20:00	
21:00	
22:00	
23:00	

WICHTIGE TO DO'S

○ . . . .
○ . . . .
○ . . . .

ERINNERUNGEN

TAGESNOTIZEN

Picknick

CHECKLISTE

- [ ] PICKNICKDECKE
- [ ] TELLER
- [ ] BECHER
- [ ] SERVIETTEN
- [ ] BESTECK
- [ ] SCHNEIDEBRETT
- [ ] SCHARFES MESSER
- [ ] KÜHLTASCHE
- [ ] SALATE / GEMÜSESTICKS
- [ ] OBST Z. B. APFEL, ANANAS, BANANE, ERDBEERE, ETC.
- [ ] KNABBERZEUG Z. B. SALZSTANGEN, NÜSSE, CHIPS, ETC.
- [ ] BROT / BAGUETTE / BRÖTCHEN
- [ ] DIP Z. B. FRISCHKÄSE, ETC.
- [ ] KÄSE / WURST
- [ ] KUCHEN / MUFFINS

CHALLENGE 78
HOBBY

Entdecke für dich ein neues Hobby!

Mein neues Hobby ist:

_____

☐ Erledigt am _____

CHALLENGE 79
ABSCHALTEN

Mache einen langen Spaziergang in der Natur!

☐ Erledigt am _____

CHALLENGE 80
MEAL PREP

Plane dein Essen für eine Woche vor!

NUTZE HIERFÜR DIE VORLAGE AUF DER NÄCHSTEN SEITE

☐ Erledigt am _____

Essensplaner
für eine Woche

	FRÜHSTÜCK	MITTAGESSEN	ABENDESSEN	SNACKS
MO				
DI				
MI				
DO				
FR				
SA				
SO				

Einkaufsliste

Z. B. BESTELLE DIR ETWAS ZU ESSEN ODER ETWAS WAS DU DIR SCHON LANGE KAUFEN WOLLTEST

CHALLENGE 81
EINFACH MAL GÖNNEN
Gönn dir heute mal etwas!

☐ Erledigt am _____

CHALLENGE 82
BIN DANN MAL WEG
Plane einen Kurztrip egal ob weit weg oder in der eigenen Stadt!

AUF DER ÜBERNÄCHSTEN SEITE FINDEST DU EINE CHECKLISTE FÜR EINE KURZTRIP-PLANUNG

In dieser Stadt war ich:

_____

☐ Erledigt am _____

LÖSCHE UNWICHTIGE DATEIEN, BILDER ETC.

CHALLENGE 83
ORDNUNG
Räume deinen Computer auf

☐ Erledigt am _____

CHALLENGE 84
ZIELE
Schreibe deine Ziele auf!

NUTZE HIERFÜR DIE VORLAGE AUF DER NÄCHSTEN SEITE

☐ Erledigt am _____

MEINE ZIELE

- [ ]
- [ ]
- [ ]
- [ ]
- [ ]
- [ ]

Reise
Checkliste

Wichtige Dokumente
- Reisepass (bei Auslandsreisen)
- Ausweis
- Flug-, Bus-, Zugtickets
- Reisedokumente
- Geld (Bar/Kreditkarte/EC-Karte)
- Impfpass
- Hotelreservierung

Elektronik
- Handy
- Ladegerät
- Powerbank
- Laptop
- Kopfhörer
- Kamera

Hygieneartikel
- Shampoo
- Zahnpasta
- Zahnbürste
- Deo
- Parfüm
- Sonnencreme
- Abschminktücher
- Desinfektionsmittel
- Taschentücher
- Handtücher

Kleidung
- T-Shirts
- Shorts
- Badekleidung
- Kleid
- Hose
- Socken
- Unterhose
- Pullover
- Regenjacke
- Mütze

CHALLENGE 85
WAS NEUES
Probiere ein neues Rezept aus!

☐ Erledigt am _____

CHALLENGE 86
ETWAS GUTES
Tue etwas Gutes!

Z. B. HILF JEMANDEM, SPENDE, MACHE EIN KOMPLIMENT ETC.

☐ Erledigt am _____

CHALLENGE 87
ORDNUNG
Mache dein Auto von Innen und Aussen sauber!

☐ Erledigt am _____

CHALLENGE 89
ZWEI IN EINS
Nimm an einem Spendenlauf teil!

☐ Erledigt am _____

CHALLENGE 90
MINIGOLF

Gehe Minigolfen mit deinen Freunden, Familie oder Bekannten!

⬜ Erledigt am _____

CHALLENGE 91
LOKAL

Besuche einen Bauernmarkt und kaufe lokale Produkte!

⬜ Erledigt am _____

Z. B. MIT EINEM WOHNWAGEN ODER EINEM ZELT

CHALLENGE 92
CAMPING

Mache einen Campingausflug!

⬜ Erledigt am _____

CHALLENGE 93
TO DO'S

Schreibe eine Bucket-List mit Dingen, die du erleben möchtest!

NUTZE HIERFÜR DIE VORLAGE AUF DER NÄCHSTEN SEITE

⬜ Erledigt am _____

Bucket-List

CHALLENGE 94
NEUER SPORT
Versuche eine Sportart die du noch nie gemacht hast!

Diese Sportart habe ich versucht:
_____

☐ Erledigt am _____

CHALLENGE 95
EIN TAG OHNE
Verbringe einen Tag ohne Technik!

☐ Erledigt am _____

CHALLENGE 96
GRÜN GRÜN GRÜN
Pflanze Blumen in deinem Garten!

☐ Erledigt am _____

CHALLENGE 97
SAUBER
Putze alle Fenster und Spiegel Zuhause!

☐ Erledigt am _____

CHALLENGE 98
VEGGIE
Ernähre dich eine Woche lang nur Vegetarisch!

☐ Erledigt am _____

CHALLENGE 99
FREMDSPRACHE

Versuche eine Fremdsprache zu lernen!

Diese Fremdsprache habe ich angefangen zu lernen:

_____

☐ Erledigt am _____

CHALLENGE 100
MENSCH ÄRGERE DICH NICHT
Organisiere ein Spieleabend mit Freunden!

☐ Erledigt am _____

CHALLENGE 101
KANU
Mache eine Fahrt mit einem Kanu oder Kayak!

☐ Erledigt am _____

EIGENE CHALLANGE

CHALLENGE 102
CHALLANGE AN MICH SELBST!

Thema: _____

_____

☐ Erledigt am _____

CHALLENGE 103
CHALLANGE AN MICH SELBST!

Thema: _____

_____

☐ Erledigt am _____

CHALLENGE 104
CHALLANGE AN MICH SELBST!

Thema: _____

_____

☐ Erledigt am _____

CHALLENGE 105
CHALLANGE AN MICH SELBST!

Thema: _____

_____

☐ Erledigt am _____

CHALLENGE 106
CHALLANGE AN MICH SELBST!

Thema: _____

_____

☐ Erledigt am _____

CHALLENGE 107
CHALLANGE AN MICH SELBST!

Thema: _____

_____

☐ Erledigt am _____

Umschlaggestaltung, Illustration: Franziska Sachs Verlag: Independently published by Franziska Sachs
Franziska Sachs| Rudolf-Brand-Straße 7 | 97877 Wertheim
Das Werk, einschließlich seiner Teile, ist urheberrechtlich geschützt. Jede Verwertung ist ohne
Zustimmung des Autors unzulässig. Dies gilt insbesondere für die elektronische oder sonstige
Vervielfältigung, Übersetzung, Verbreitung und öffentliche Zugänglichmachung.

Printed in Poland
by Amazon Fulfillment
Poland Sp. z o.o., Wrocław